JN440870

발행일 | 2025년 12월 25일

지은이 | 민병일, 김호, 김학균, 송정우, 김삼문, 서영상
펴낸이 | 최장락
펴낸곳 | 도서출판 두손컴
주 소 | 부산광역시 부산진구 부전로 35, 302호(부전동)
전 화 | 051-805-8002 이메일 | doosoncomm@daum.net
출판등록 제329-1997-13호

값 12,000원
ISBN 979-11-24142-01-1 03810

해운대포엠동인 꾸밈

창간호

인사의 말

"사람의 말은 곧 그 사람의 혼이요. 정신이요. 신이다."라는 말이 있다.
사람의 말 속에는 그 사람의 혼과 정신과 하늘의 뜻이 깃들어 있기 때문이다.
언어의 예술인 시를 쓰는 시인이 새겨야 할 말이다.
"나는 인간의 선함과 진실함을 그려야 한다는 예술의 대단히 평범한 견해를 가지고 있다." _박수근 화백
"시는 세상에 대한 해석이다. 삼라만상에 존재하는 사事와 물物의 새로운 가치나 아름다움을 밝혀 시를 쓰는 일은 시인의 정신세계 영역에 속한다." _강남주 시인
모두 범람하는 물질문명의 시대에 문학예술의 궁극적 지향점과 시를 쓰는 시인의 역할을 얘기한 것이라 하겠다.

결국 세상을 아름다운 시선으로 바라보며 마음을 다스리고 깊은 사유를 통한 자신의 발견과 자신에게 더욱 진실한 정신적 창조물로서 시를 지어야 한다는 것이다.

사람은 필연적으로 태어나면서부터 인연, 지연, 학연 등으로 얽혀 살아가기 마련이다. 아름다운 자연과 수려한 경치를 간직한 해운대에서 문학의 연으로 만나 삶의 방향과 인생의 가치를 공유하는 인생길의 도반으로서 정과 사유를 나누며 한 권의 시집을 엮었다는 것은 참 귀하고 아름다운 일이다.

≪해운대 포엠≫이라는 작은 모임의 첫 출간을 통해 우리가 사는 이 세상을 관조하고 성찰하며 삶의 존재 의미를 찾고 한 편의 서정을 시로 나누어 모두 서로 사랑하며 살기를, 또 인생을 더욱 사랑할 수 있기를 소망하며 뜻깊은 출간에 자축의 인사를 나눈다.

2025년 마지막 달을 맞으며
해운대포엠 회장 김 호

차 례

1부 해운대

민 병 일

둘레길

갈매기 울음소리 포말 속에 흩어지고
밝아오는 하늘은 고요 속에 새벽을 가르는데
아직도 청돌은 물속에서 생각을 헹구고 있다.

잠 깨운 찬바람은 해변에 나래 접어 앉아있고
자욱한 새벽안개 속에 수평선은 가까워지며
아침을 여는 넉넉한 둘레길은 은혜로 충만하다

아침바다 측량의 기도로 다듬질하는 간절함은
깊은 곳에 자리 잡은 시름 따위 떨쳐 버리고
청명한 영혼은 아침 둘레길로 접어든다

민 병 일

새벽

주위는 아직 고르게 적막한데
닫쳐진 동창사이로 새어드는 여명 속에
실꾸리로 파고드는 사념의 갓밝이 따라
먼 시간 바다 저편에서 새벽이 찾아오고 있다

쪽잠 같은 세월 따라 맴도는 쳇바퀴안의
올무에 갇힌 상념을 고요 속에 떨쳐 버리고
통회하는 지난날 눈을 뜨면 덧없음에
동트는 새벽 바다 멀리 파편 되어 흩어진다

민 병 일

선물

손잡아 사는 세월 속에
가만한 행복을 안고서
비리디언 리본을 푼다
갈피 속에 숨은 지난 부끄러움
가늠할 수 있는 거리에 서서
후리지아 향기로 메아리쳐와
여운으로 남은 당신의 체온
한결 따듯하다

김 호

등대

저 해원 어딘들
풍파가 없으랴

물결의 씻김도
광풍의 부대낌도
오롯이 지키고선
쓸쓸한 자적自適이여

광활한 수평의 도전에
항거하는 의로운 수직이여

이별과 만남의 회한에 바랜
하얀 그리움의 창을 열고
칠흑의 밤이면
구원의 섬광을 비춘다

뭍에서 달려온 낭만은
이 벼랑 끝에서 멈추고

미몽迷夢을 가르는 혜안慧眼으로
먼 우리의 항로를 투시하는
너는

청파에 던져진 순백의 푯대이다

김 호

달맞이 언덕 찻집

일상의 틈새로 모처럼의 외진 시간
차창 너머 아득히 수평선이 열리고
난간엔 붉은 꽃들이 다투어 피었다

찻집엔 이름 모를 선율이 나지막이 흐르는데
빈 의자와 탁자는 오늘따라 한가롭다
건너편 언덕 위 하얀 집들
바다를 내려다보며 고갯짓하고
높이 열린 하늘은 바다를 안고 시푸르다

그림으로 다가선 풍경
그 속으로 가만히 들어가
나를 되돌아보는 고요의 시간
나를 위로할 등불 하나 켜 본다

이 시각 미로의 거리에선
다들 무얼 하고 있을까
순간은 영원으로 통하는 은밀한 문

멈춘 것 같은 시간과 주변에
애틋함이 뭉클하다

적요한 시간의 달콤한 음미가
나를 위로하는 호젓한 길목
따뜻한 한 잔의 차로 마음을 추스른다

김 호

해마루에서

하늘과 바다가 맞붙고
해와 달을 맞는 해마루에 오른다

정자의 난간과 기둥 사이 저 멀리
드높아 푸른 하늘이 열리고
옥빛 여울진 바다가 펼쳐졌다

수평선 위 배 한 척 무심히
일상을 실어 나르고
가파른 벼랑길 해송들은
청록의 기상으로 늘 싱그럽다

우리의 먼 항로를 비추는 등대는
청파에 푯대로 외로이 서 있고

도심의 치열했던 삶의 열기가
하얀 뭉게구름에 실려
바람 따라 흘러간다

여기인가

살아가노라, 벼린 마음 한 자락을

가만히 놓아 본다

* 해마루 : 부산 해운대 달맞이언덕에 있는 정자

김 학 균

동틀 녘 해운대

둥근 하늘 여명 시야
주저리주저리 희망 달린 아침햇살
수평선 흰 물결무늬 길 건너

온통 바쁜 신록의 산하
때맞추어 계절 향을 피우고
어제 밤 추억은 해변이 집이다.

산하야! 목소리를 높여라
임아! 저 쏘아보는 햇빛을 탐하라
눈물아! 오늘은 눈을 감아라.

세상을 여는 해운대 아침은
산하의 품속에 숨어 꿈틀대는
생명의 긴 잠을 깨우는 환희

김 학 균

해운대에 와서

청아한 산언덕 꽃구름 피고
흰 갈매기 기다리다 조는 동백섬
푸르름 뒤엉켜 눈 감은 수평선

남태평양 푸른 물 넘치는 바다 같고
노래하는 비탈진 언덕 알프스 송림처럼
발칸 끝자락 아드리아 해의 궤적까지도

우와!! 해운대, 파도여 비상하라!!

긴 시간 여행에서 돌아 와
루시Lucy 발자국 지워버린 파도의 앙탈
바람소리, 파도소리, 새소리에 묻혀

허리가 긴 밤의 여인 문텐-로드
평화의 뒤안길 멀리서 지키고 있다.
아침 햇살도 석양에 핀 노을도

시름 덮고 여기저기 소망을 주워가는

해운대에서, 허허허. 세계를 품는다.

김 학 균

황혼 녘 해운대

흐르는 시간 메어놓고
묵상하는 노을 녘에 젖어가는
붉게 떨리는 벅찬 순간

이울지는 여명의 꿈
산하는 시간 추억에 물들고
무거운 어둠 바다로 향하는
나이 든 석양 깊은 영감

힘든, 그러나 아름다운 추상
긴 여정 띄엄띄엄 되돌아보면
환한 웃음 그래도 많았다.

별 품는 해운대 노을 녘
멀리 더 걸어가야 할 여정
잔잔한 서광 다시 채색하는
별빛 해운대 황혼에 서다.

송 정 우

겨울 동백섬

앙상한 가지 끝
까마귀 한 마리
빈 하늘만 쳐다보고 있다

탈색하여 허물을 벗고
낮은 자리 비박을 하는
겨울나기 생명의 기다림

출입 금지된 동산의 허리
겹겹 꽃잎의 소용돌이 샘에
붉은 입술들 벌어지고 있어

벌떡이는 심장의 고동소리로
그때 거기, 지금 여기를 찾아
언덕을 오르는 발걸음 소리

송 정 우

괜찮다, 괜찮아

가벼운 옷 걸치고
무작정 오른 동해남부선 기차
희미한 기억의 샛강 너머
와락 출렁거리는 간이역에 내린다
나긋한 바람 기대어
휘청거리는 나뭇가지 사이
높이 나는 법을 잊어버린 굴뚝새
자리를 바꾸어 앉는다
생을 다한 굴뚝처럼 세워진 침목들 사이
멀리 외로운 언덕 마을에
반짝이는 십자가 첨탑,
인적이 끊긴 길
거부할 수 없는 유혹의 손짓으로
익숙하지 않은
활보를 내딛기 시작한다
오래 닫혀 삐걱거리는 서랍에서
새어나오는 풀피리 소리
내, 여기 사람다운 사람을 만나
손잡고 노래하고 춤추리라

송 정 우

5월 운촌 포구

낯선 포구 길에는 짭짤한 바람이 서성이고 있어, 그냥 서 있기만 해도, 마스크 벗어던진 맨 볼이 기분 좋게 간지러워, 철을 잊은 흰머리검은새가 물썰매를 타며 빙글빙글 춤을 추고 있어, 붉은부리갈매기가 깃털을 털며 손을 흔들때 융단을 깐 잔물결이 깔깔깔 웃고 있어, 유람선 지나간 궤적을 따라 숭어 떼 폴짝폴짝, 높은 빌딩 그림자 사이로 강아지 가족이 행진을 해, 왼쪽 오른쪽, 뒤뚱뒤뚱 줄을 맞춰 걷는 발걸음이 우스워, 얼음장 같은 수평선 찢고 올라온 봄 해가 반짝반짝 황금가루를 뿌려, 이제 또 다른 계절을 향해 손을 흔들며 새 길 떠나는 해변의 여행자 외롭지 않아.

김 삼 문

동백섬 묵객이 산다

가을볕에 만개한 구절초 끝
희미한 웃음처럼 꽃잎이 피네

초승달 아래 비치는 섬의 윤곽
달빛이 드리워 고요를 물들이면
마음은 순전한 뭉게구름이 되네

줄기 사이마다 맑게 퍼지는
그 순수타령 향기에 취해
묵객의 발길이 섬에 그림자 놓는다

서로 다른 얼굴을 하고 왔으나
모두 순수 마음이 트이는 듯
묵객들이 저마다 줄을 잇고 서네

섬의 능선마다
오색의 고독이 밤을 속삭인다.

김 삼 문

해운대 연정이 꿈틀거리고

강물에만
엇갈리는 바람이 불라
해운대 바다
쉬지 않고 반짝이는 윤슬
어느 순간
같은 빛으로 맞닿았다가도
이내 서로
다른 방향으로 흐른다

바다는 푸른 포 말만 구르는
모험이 아닐진대
고요히 속삭이던 밀어가 모여
파도에 흩어져도
그 자리엔 너와 나

뜨거운 연정으로
익어가는
가슴 시린 세월이 흐른다

김 삼 문

동백나무 붉게 물든 봄날

동백나무 서로 다른 빛깔로
붉은 주름치마 깁게 여미고
허리춤에 매단 어둠이 잠든다

다르게 뻗은 가지의 속사정
바람에 푸른 잎사귀 흔들리니
어둠 속 은밀한 속살이 비친다

그 푸름이 오래도록 예쁘기를
오래 빤히 볼수록 기우는 고독

그때, 허연 파도가 몰아쳐
주름치마의 곡선 한결 지우고 가네

파도마저 지나간 자리에
우두커니, 붉은 꽃잎이 웃고 또 웃는
마침내 환한 봄날

저 멀리 등대마저

봄이 오는 길목에 붉게 물든다.

서 영 상

파도

하얀 깃발을 들고 내 발 앞에 달려와 전해 준다 하얀 시간이 밀려와 내 발아래에서 사라진다 밀려오는 바람의 끝자락이 희다 쉼 없이 내미는 파도의 손바닥이 내 마음을 쓰다듬는다 파도는 태양의 기쁨으로 부서진다 때로는 슬픔처럼 파랑을 몰고 와 깨어진다 저 먼 바다는 다음이 없어 보인다 만 개의 지느러미가 만드는 너울이 수평선을 끌고 온다 수평선은 섰다가 넘어지고, 섰다가 몰려온다

* 해양과문학 (2024년 제29권, 135페이지)

서 영 상

파라다이스 아라

이곳은 시간만 있나요 어제도 내일도 오늘도 푸른가요 슬픔은 파도치나요 근심은 파도에 파도를 덮나요 고통을 파도에 비유해도 되나요 바다는 다 가능하고 바다는 다 줄 수 있나요 바람은 파도를 일으켜 형체를 드러내나요 이불 홑청처럼 가벼운 영혼은 심해로 가라앉나요 이곳은 잔물결로 나를 별빛처럼 반짝이게도 하고 밀물같이 만족을 주기도 하나요 바다의 피부는 어떤 것일까요 바다의 피부는 정해져 있나요 파도가 피부가 되지 않으려고 뒤집고 있나요 바다와 뒤섞어서 소유할 필요가 없나요 또 다른 파도가 달려오며 집채 같은 욕망을 일으켜 다시 반복하지는 않을까요 파도는 하나의 답을 하지 않고 계속 기슭으로 밀어 올려 앞의 답을 덮는다 마음이 평강으로 흘러들어와 수평선을 평평하게 만들지만, 바다는 현실과 수천 만km 떨어져 있다

* 해운대문학 (2024년 제32집, 92페이지)

서 영 상

탈라소필 Thalassophile

나는 육지와 바다 사이에 서 있다 바다의 짠 내음으로 출렁이던 기억이 파도를 타고 온다 코끝이 짭조름한 내음을 따라 요트의 러더처럼 갈 방향을 조정한다 파도는 한순간도 멈추지 않는 출렁임을 생각하게 한다 산봉우리에 걸려있던 바위 같은 구름이 바다 위를 앨버트로스처럼 미끄러진다 바다는 스스로 분노를 삼키고 잔잔하나 때론 거친 너울이 어느 악인을 구원한다 푸른 기적이 바다 기슭을 철썩이며 태곳적 생명을 잇는다

* 해운대문학 (2024년 제32집, 91페이지)

2부 문화 산책

민병일 솟대 _ 추억 _ 시온의 노래
김　호 불꽃축제 _ 아드리아해 _ 항구
김학균 바이칼 호수 _ 밤의 에펠탑 _ 아크로폴리스 단상
송정우 복 있는 사람 _ 사모곡 5 – 문득, 그리움 _ 폭풍의 절기
김삼문 푸른 미소처럼 살아야지 _ 가족사진 _ 기계 인간이 꿈꾸는 세상
서영상 희랍어 시간 _ 모짜르트 클라리넷 협주곡 2악장 kv. 622 _ 미술 전시

영화의전당 _ 김호

민 병 일

솟대

가을저녁 저무는 햇살을 받으며
먼 산 우러러 앉아 있는 처연한 세 마리의 새
낙엽 지는 계절에 솟대 끝 바람을 타고 있네
십리길 달려온 붉게 물든 산 숲을 지나
허리 지른 지난 날 들은
햇살마저 야위어진 들녘에 마냥 비워있는 허공
세월은 쏜살같이 철 바뀌어 달려가고
낙엽 지듯 눈물 배인 사연을 입에 물고
바람결에 미동 없는 솟대위의 세 마리의 새
높은 창공 날아갈 길 잃어 잡힌 마음
나르고 싶은 욕망 끓이며 울음 감춘 세 마리의 새
지고 뜨는 세월 안고 망연히 솟대위에 앉아있다

민 병 일

추억

숱한 생각들
초록의 대지 위에 질펀히 누우면
연연한 창공 속
조각구름 사이로
한줄기 빛이 되어 노래 부른다

바람 속에 맴도는 추억으로
눈감아 접어보는 한 줄기 빛 속에
서사시 한편을 머리에 이고
여일은 햇살사이로
청아한 목소리로 마다마디에 흐른다

민 병 일

시온의 노래

사치한 낮은 지나고
스산한 파장의 일몰에 서면
비오는 강가에 어둠을 건다
우울한 영혼은 먼 지평에 와 닿고
일렁이는 버드나무가지 사이로
수금은 바람결에 걸려 있고
영혼은 어제보다 더욱 침몰 한다

지난날 조급의 입놀림은 빛바랜 수사되어
재간 없는 가슴 속에 침묵하고
수천의 고난은 가없는 강가에서
서럽게 날개 속에 파고든다
부평 같은 날 지나고 약속의 새 언약을 받으면
속절없는 세월 뒤로하고
내 돛배 하나 띄워 마중하리라
지금 나는 바빌론의 강가에 앉아
시온을 그리며 한없이 울고 있다

김 호

불꽃축제

황폐한 세월의 유역
가난한 우리의 한 움큼 시간으로
꿈을 사를 수 있을까
칠흑의 어둠을 가르고 환호가 솟구친다

회색빛 거리에서 서성이던 일상들
미완의 날갯짓에 바래져간 상념들
추슬러 사른 염원이 불꽃으로 피어난다

절정으로 치닫는 신비의 환상곡
뇌리에 꽂히는 정념의 파편들
찰나는 영원을 그리며 생명을 노래한다

기억하라 우리의 사랑
펼쳐라 온갖 소망
풍화風化의 강여울에 아로새긴 빛의 화원

가슴에 깊이 새겨질 이 밤의 환희로

불멸을 구하는 섬광의 모반謀反이

어둠의 늪 저편 너머 꽃잎으로 스러진다

김 호

아드리아해

삶의 밑바닥에 그림자처럼 스며있는 설움을 달래려
바람의 길을 따라 대지를 가로질러
비구름 잔뜩 품고 있는 디나르알프스산맥을 넘는다

이윽고 다다른 아드리아해안
푸른색의 근원은 슬픔인가
유럽 열강과 오스만 제국의 틈바구니에서
문명과 종교의 충돌 속에서
전쟁의 격난과 희생의 역사를 겪어야만 했던 슬픔이
에메랄드빛으로 출렁인다

해안선을 따라 모습을 드러낸 붉은 지붕들
안락을 소망했을 이 땅의 민족들의 마음처럼
바다색과 대비를 이루며 아름다움과 애틋함을 자아낸다

반도를 지키기 위해 쌓았던 성곽과 사원
옛 도시들의 역사는 이제 바다로 흘러 말이 없는데
해안을 수놓는 아기자기한 집들과 우거진 숲들

휴식을 구가하는 흰색 요트들
전설을 간직한 수많은 섬이 연이어 차창을 스쳐간다

심연의 바다 고요의 바다여
위로의 바다 안식의 바다여

가슴 저리도록 시린 아드리아해의 옥빛에
모든 영욕의 인간사를 풀어 평화를 기원해 본다

김 호

항구

넓은 가슴을 내어주고 모두를 포근히 품은
오후의 항구는 언제나 평화롭다

밤새 불을 밝히던 등대도 긴장을 푼 채 졸고 있고
정박한 배들은 지나온 여정을 되새기며
치유와 충전의 시간을 갖는다

휴지休止란 자신을 되돌아보며 잊힌 나를 찾는 것
삶에 겨운 나를 스스로 추스르는 것
물길에 비친 반영들이 바다를 모자이크로 수놓고
물결도 거친 숨을 멈추고 묵상에 잠긴다

깃발을 내린 배들 사이로 시간이 멈추고
갈매기들도 뱃전에 앉아 오수午睡를 즐기며
파도도 제풀에 겨운지 조용히 다가와 눕는다

영웅담에 취한 구리 빛 어부들은
어제의 얽힌 그물을 풀며 새 항해를 꿈꾸고

이따금 만선에 부푼 배들이 항구로 들어서며
승전의 뱃고동을 울려 그 고요를 깨운다

김 학 균

바이칼 호수

반도의 끝에서
날아서 달려서 온 먼 길
그대와의 설레는 만남이었는가?

내 어린 꿈엔 미지였고
학창시절엔 가 볼 수없는 동토
너의 굴곡진 환희의 시선들

호수의 수면은
동서남북을 모르겠고
단풍이끼 고고한 샤만코 바위*

두 손발 적심으로
중원의 동토에 숨어있는
차가운 시베리아 냉기와 만난다

* 샤만코 바위(Shamanko rock) : 바이칼호수의 가장 큰 알혼(Olkhon)섬의 부르칸(Cape Burkhan) 곶에 있는 바위.

김 학 균

밤의 에펠탑

인간의 지혜가 잠들면
에펠 조명의 빛 마르스 광장
철탑이 지혜의 눈을 뜬다.

세느강 기적이 너울거리고
노틀담 종소리 여명을 채근하는
파리의 밤은 에펠탑의 밤

밤하늘 수놓는 철골의 위용
홀로 지켜온 프로이센 치욕*
에펠의 질투**로 다시 태어난
예술도시의 눈 호강

틈마다 빛나는 격자문화의 사치
세느강 밤에 출렁이는 조명에 기대어
파리의 장엄한 역사가 설렌다.
내일 버진 로드를 걸어갈 신부처럼.

* 프로이센 치욕 : 프랑스가 프로이센-프랑스 전쟁에서 독일에게 패한 치욕을 만회하고, 국력을 과시하기 위해 1889년 파리 엑스포에 전시할 목적으로 건축되었고 원래는 20년간 설치하고 해체할 예정이었으나 대중이 느끼는 시각적인 뛰어난 점을 감안하여 우여곡절 끝에 에펠탑만이 살아남았다.

** 에펠의 질투 : 프랑스 건축가인 Alexander Gustave Eiffel도 자신보다 유명해져 질투한다고 했다.

김 학 균

아크로폴리스* 단상

생각의 빛이
글의 흐름이
푸른바다를 보며 멈춘 곳

사람과 신의 합창이
4천년을 건너 와
천본天本에서 인본人本으로
아고라엔 민주와 정의

태양아래 저 멀리
에게 해는 전설처럼 푸르고
하얀 대리석은
살라미스 해전** 마라톤 전쟁
승리의 외침을 전한다.

파르테논***이여 비상하라
소크라테스여 깨어나라
에게 해여 가슴을 열어
푸른 가슴에 새 역사를 쓰자.

* 아크로폴리스(Acropolis) : UNESCO 세계문화유산 1호.

** 살라미스 해전 : 살라미스 해전은 아테네의 명장 테미스토클레스가 페르시아의 함대를 아테네의 근방 살라미스만으로 유인하여 격파한 전쟁으로 아테네의 한 병사가 26마일을 단숨에 달려와 아테네의 성문 앞에서 "우리가 승리했다."고 외친 뒤 쓰러졌다는 마라톤 전쟁과 함께 페르시아 전쟁의 가장 중요한 전쟁이다.

*** 파르테논(Pathenon) : Parthenon은 그리스 아테네도시를 보호하는 여신 Athena를 위한 신전.

송 정 우

복 있는 사람

길 가다가 사랑 하나 만났네
누군가 품고 있던 사랑
떨어뜨렸는가 봐
뜨거운 마음 식어 가는 줄 모르고
어떻게 남은 길 가고 있을까
동백 숲속 가득
애매한 사랑이 아지랑이 지네
고백도 없이, 상처도 없이
그만 내려놓고 가버린,
그 사람 이제는 후련하다고 하려나

석양 비스듬한 때
이 세상 사랑 없음에 눈물 짓다
곱게 가꾼 마음 내려놓아
천년만년 꽃송이 피고 지어
온 땅 사랑으로 가득하리
그 사람
애통하는 사람, 마음 청결한 사람
복 있는 사람이네

송 정 우

사모곡 5
– 문득, 그리움

잃어버리는 것 별로 없어도
잊어버리는 것들이 많다

〈지금, 여기, 너와 나
 식탁을 마주하고 있어 좋아, 좋아〉

나를 원하는 사람 저만치 두고
내가 필요로 하는 사람만 찾아 다녔을까

〈너는 아직도 알지 못하느냐,
 내가 이렇게 복 있는 사람이란 걸〉

소리 없는 음성이
꿈속을 유영하고 있다

송 정 우

폭풍의 절기

껍데기뿐인 거리는 절규로 가득하다

썰물의 뻘밭에 빠진
부표 같은 문자의 허우적거림
희망을 담은 환호 물결은
어느새 빠져나가고
물고기 한 마리 담지못한 그물에
산란하는 그림자 형체가 무너져 있다

늘푸른 꿈 훔쳐간 자 누구인가

치유하지 못한 상처를 보듬은
거룩한 경전
읽히지 않는 어둠속
출구를 찾아 줄지어 서 있는 사람들

이천 년 겸손한 마굿간에 한 아이가 태어났다

갈라진 땅
남아있는 의인 열 사람으로
은혜의 빛 다시 비추어
고통 속에서 눈물을 감추고
먼 곳에 시선을 두면
찾을 수 없던 길이 돌아오고 있다

김 삼 문

푸른 미소처럼 살아야지

산사에 들자
서서히 빛나는 까만 눈동자
나무 사이로
한 잎 두 잎
미끄러지는 푸른 미소
묵은 눈가에 피식 웃음 짓는 주름까지
아침 햇살 받아 환하게 웃는다

산사의 아침
뇌파를 깨우는 쇠 북소리
묵은 미소 닮은
능선에 부는 바람은
번뇌의 경계마저 지우고 간다

산산이 흩어지는 걸음마다
고운 빛의 향연이 열린다.

김 삼 문

가족사진

액자에 묻은 파리똥이
내 얼굴에 점을 찍어 놓았다

바래어가는 피사체들이 구름처럼 선을
지운다

거미가 긴 시간을 늘어뜨리고
아래로 내려오기도 한다

얼굴이 간지러워도 손이
움직이지 않는다

얼굴이 바래지도록 웃고 있다.

* 네 번째 시집 『추월선』 등재

김 삼 문

기계 인간이 꿈꾸는 세상

기계 인간의 날개는 잠시 평행선
새의 비행을 꿈꾸기 전에
층층이 배열된 날개가 먼저 기울기 시작한다

지면을 박차고 솟아오른 다리는
만든 이의 흔적마저 지우려
비스듬히 공중으로 떠오른다

무수한 기울기를 반복하며
평행을 잃었던 날개는
바람의 저항마저 지류로 실어 나른다

네 개의 날개가 시계열처럼 회전하고
마침내 눈높이는 새의 궤적을 닮아간다
빌딩 숲의 허공을 가르며
새처럼 훨훨,
스스로 평행선을 긋는다

기계 인간이
고도를 높일수록
점점 새를 닮아가는 것처럼

나 또한 층과 경계를 가르고 나르는 듯
하얗게 눈부신 저 하늘에
자유의 궤적을 그리며 날고 있다.

서 영 상

희랍어 시간

입술을 열지 못해 말을 잃어가는 여자가 희랍어를 배운다 그리스 골목의 막다른 흰벽 같이 막막한 세파에 시력을 잃어가는 남자가 고대 희랍어를 가르친다 음성으로 만들어지지 않은 말의 파편들과 눈동자의 그림자가 늘어만 간다 그때 서로는 상징적 의미의 그리스어로 수없이 부수어졌던 기억의 조각들을 맞추어 간다 서로는 마주 보는 피난처가 된다 서로에게 가장 어두운 곳을 보여준다 말 못 하는 자는 눈빛과 마음의 언어로, 보지 못하는 자는 다른 세계로 인도하는 그리스어로 서로의 통로가 된다 익숙하지 않은 그리스 언어가 여자의 터널 같은 공허함을 채워간다 서로의 어릴 적 새겨진 상처는 고요한 박스 같은 교실에서 지워져간다 칠판은 서로 간의 그네처럼 연결 고리가 된다 그러나 검은 침묵이 백묵 보다 칠판 위에서 서로를 잘 이해하게 한다 눈과 입이 없는 침묵이 점점 더 입술의 음성과 눈에 비친 문자 없이 서로를 알게 한다 수업의 한 부분이었던 여자가 공기 속의 긴장감 도는 파동이 된다 남자의 상처를 담은 자물통 꾸러미를 여는 열쇠 같은 여인이 된다 하얀 종이 위에 그녀가 쓴 그리스어 단어는 흐릿한 눈보다 그의 다른 감각으로 선명하게 보이기 시작한다 그 단어는 빛이었다

서 영 상

모짜르트 클라리넷 협주곡 2악장 kv. 622

떠날 날이 두 달 채 남지 않았다 시공간이 다른 세상은 다락 같은 우주 어디에 존재하는 걸까 바다 심연보다 궁금하다가도 얕은 호수 같은 마음을 클라리넷 세 개를 합하여 평온히 잔물결 지게 한다 클라리넷 위 손가락의 율동과 음계가 오선지에 뛰어노는 모습을 몽땅 연필로 그린다 아침 이슬이 여명을 받아 별 같은 순간을 곡조로 유화 같이 그린다 숲 사이 동트는 햇살 모양을 귀로 듣는다 귀의 자극을 손가락으로 풀어낸다 아침 숲속 풍경을 카메라 렌즈에 담듯이 숨 없이 악보를 동영상처럼 써 내려간다 클라리넷의 실개천 같은 맑은 목소리를 따라 바이올린이 측면에서 찰현 악기 특유의 내음을 풍기며 저변을 장악한다 이어서 피아노가 천천히 클라리넷이 펼쳐놓은 카펫 위로 경쾌하게 걸어 들어온다 모짜르트의 분주한 웃음소리가 천상까지 들린다

서 영 상

미술 전시

높은 천장과 벽이 있는 공간에서 철사 줄이 내린 미늘 하나에 그림 하나 걸린다 전시를 앞둔 다른 그림들이 캔버스 뒤 뼈대 양옆으로 튕긴 자신의 줄을 앞 다투어 미늘에 걸려고 아우성친다 텅 빈 공간의 공기들이 긴장을 한다 비뚤거리며 매달리는 그림들이 수평선을 가로지르며 상단 선을 맞춘다 동시에 관람자의 눈높이도 벽에 붙여본다 방금 매달린 그림이 옆의 그림과 등 간격을 이루고자 노력한다 그림마다 오른쪽 하단에 나란히 자신의 얼굴을 제목으로 붙인다 작가의 손을 떠난 그림들이 자기 얼굴에 책임을 지려고 벽에 매달려 있다 그림과 그림 사이 인연이 이어지고 이야기가 순탄해지면 서로의 내면을 맞추어 본다 전시장 모퉁이에 전체 주제에 벗어난 몸뚱이나 얼굴이 삐져나온 그림이 조명을 받아 사람들의 시선을 끌기도 한다 그림들이 서로서로 어깨를 맞대어서 하나의 바다를 이룬다 사람들이 낯설게 보이는 섬에 호기심의 닻을 내리고 구명정 같은 입술을 띄운다

3부 자연

민병일 봄 _ 국화 _ 아내 얼굴
김 호 억새 _ 아싸바스카 빙하에서 _ 와이토모 동굴
김학균 꼬마 성게 외출기 _ 아주 작은 물방울이 _ 바다 아우성
송정우 월동화越冬花 _ 까마귀의 고독 _ 흐르는 삶
김삼문 꽃으로 핀 세상 _ 꽃잎이 시든 화환 _ 둥근 세상
서영상 봄비 _ 두리뭉실 _ 별

청사포 연안 _ 김호

민 병 일

봄

밭이랑 물결 따라 종다리는 높이 날고
솔솔 부는 봄바람 속 나지막이 귓가를 스치고
청보리밭 꽃무리속의 향기는 코끝에 퍼진다.
어느 듯 햇살은 중천에 머물러 있고
얼굴 감춘 뻐꾸기 울음소리 뻐국 뻐국
연산홍 향기는 활활 산천을 휘감고 있다

민 병 일

국화

찬바람 몰아치고 눈 시리게 밝더니
하얀 봉오리 하나 그림같이 피었다
생명을 사르듯 순결한 송이마다
몇 겹 터진 입술은 하늘을 향한다
고요한 시간 속에 곱게 싹튼 영혼은
시린 계절 꽃잎으로 맺힌 사연 하나
황금 햇살 속 향기로 풀어 헤친다

어느새 잊은 듯 국화 피는 이 아침에
다가서는 숨결 속 그대 앞에 머문다

민 병 일

아내 얼굴

f1호* 쯤 한 뼘 사각안의 아내 얼굴 속에
옹이 박힌 참을 인忍자 하나 이마에 그려
멋쩍은 모습으로 내 곁에 앉아있다

새하얀 얼굴 받쳐 노오란 원피스를 사랑하던 아내
지난 반세기 식은 죽 먹듯 허풍스런 나의 세월을
희생의 기억으로 매만지며 앉아있다

사소한 자존에 소리 높이고 지치고 공허 할 제
섭섭한 마음 가슴에 묻고 이어주는 따뜻한 손
그대가 진정 나의 위안임을 이제야 알고 있네

어느 골짝 수선화 백합화가 따로 있을까
보듬고 희생한 가없는 마음일랑 바람 속에 날리고
한 뼘 사각 안에 옹이 박힌 아내가 내 곁에 앉아있다

* f1호 : 대략 23×16cm 정도의 인물화 규격

김 호

억새

스스스 스스스

하늘로 피어나는 몸짓으로

어깨 비비며 어우러져 어우러져

하나의 기쁨을 모두의 기쁨으로

하나의 슬픔을 모두의 슬픔으로

무리 지어 울어대는

저 태고의 함성

저렇게 같이 나누어도

못다 나눌 기쁨을

저렇게 같이 나누어도

못다 나눌 슬픔을

홀로 지고 살아온 우리에게

홀로서기만을 배우며

혼자이기만을 고집하며

나만의 고독을 노래해 온 우리에게

가슴 시린 늦가을
텅 빈 벌판에 서서

함께 어깨 나누자고
같이 물결 이루자고

황금 빛살 찬연히 흩날리며
전설 어린 군락의 송가를 부른다

김 호

아싸바스카 빙하에서

범람하는 문명의 홍수 속에
표류하는 거리의 값싼 구호처럼
증발된 언어의 의미처럼
온난화의 두려움에 떨며
황무지 모래더미 너머로 자락을 감춘 채
푸른 강물로 흐르는 너

운무는 고봉을 감싸고
흩뿌리는 비바람은 시야를 흐리지만
설산의 전설을 찾아온 우리는
응결된 태고의 시간 앞에서
빙점 아래 숨겨둔 너의 기억들을 반추하며
백색 순결의 의미를 찾는다

만년설로 얼어붙었던 시린 세월
칼바람에 지켜온 설봉의 위용
우리를 깨우던 신화는 어디에 있는가

세상의 맞바람을 맞으며
잃어버린 나를 찾아
먼 대양과 대륙을 건너온 우리는

영겁의 세월에 다시 태어날
너의 부활을 기원하며
무거운 발걸음을 옮긴다

* 아싸바스카 빙하 : 캐나다 야스퍼국립공원의 콜롬비아빙원에 있는 빙하로 온난화로 인하여 줄어들고 있음.

김 호

와이토모 동굴

지상에서 꿈을 좇던 자들이
석회암 지하 동굴에서 길을 잃었다
보이는 것만을 추구하던
본능의 촉수들은 무의미해지고
암흑 속 미로에서야 비로소
지구의 나이테를 읽기 시작 하는가
억겁을 거슬러 석순은 자라 올라 석주를 이루고
찰나를 쌓아 올려 이루어낸
무한한 시간의 조형과 침식
퇴적의 예술 앞에 혼을 놓는다
진정 빛을 잉태한 것은 어둠의 자궁 이었던가
어둠 속에서 빛을 보다니
가난한 마음으로 별을 그리던 눈망울에
은하의 별빛이 쏟아진다
이처럼 귀하고 빛나는 별들을 보았던가
이처럼 아름다운 빛을 보았던가
칠흑의 어둠 속에서 생을 꾸려온
생명체들의 기적이 장엄하다

혼미한 가운데 보이지 않는 로프에 끌려
이윽고 빠져나온 동굴의 문
우거진 수풀과 쏟아지는 광선
지상의 세계로 발을 디딘 우리들은
아득한 우주에서 돌아온 우주인처럼
먼 별나라 세계의 아련한 향수를 그리며
지구로의 귀환을 자축한다

* 와이토모 동굴 : 뉴질랜드 북섬, 오클랜드 남쪽 200km 지점에 위치한 200만 년 된
석회 종유동굴로 독특한 빛을 발생시키는 반딧불이 서식하여
세계 8대 불가사의로 유명한 동굴

김 학 균

꼬마 성게 외출기

바다 끝 선 퉁기는 물결소리 더듬다
미끄럼 쇄파에 부서지는 햇살 따라와
지친 고목에 기대어 벚꽃 기다린다.

이기적 문명 사피엔스 거리엔
정의 선에 색맹인 검은 나신들의 시선
만나는 지성마다 자기가 하늘이란다.
숨기고 싶은 차안此岸의 요지경

봄을 기다리는 꽃들은 선하기만하고,
부지런한 꿀벌들이 왜 춤을 추는지 모르는가?

음침한 웃음 부유하는 저녁노을
수평선 피곤한 진리의 호곡소리
대지의 멍든 신뢰 뒤로 한 귀환

키 큰 감태 밭 말미잘 손 물결
난 파도 아래 바위 숲 아늑한 정원
해마 곡예 즐기며 목 놓고 쉬고 싶어.

김 학 균

아주 작은 물방울이

여기 있어요,
나 작은 물방울 하나, 또 하나
하나에 정을 담고, 둘엔 사랑 심고

잎새 위 사랑으로 놀다가
모은 정 끌어안은 빗방울 구름 되어
가난한 정 잠든 옥탑 지붕에 내려

빗방울 하나, 둘, 셋 강물 되어
잔정 큰정 따 담아 바다로 가면
가난한 정 출렁이는 바다는 푸르네.

바다야! 언제나 푸르러라
작은 물방울, 빗방울, 네가 담아 온 정
오늘도 네 정에 몸 담글 수 있도록

김 학 균

바다 아우성

회색빛 아침 바다
지친 숨소리 백사장도 갯벌도
어깨를 들썩이는 기침소리

널 부러진 폐기물에 묻힌
무거운 해원 아! 지친 바다여!
어디서
"이렇게 찍어보세요"한단 말인가?

생명의 고향에서 연이어
아우성소리 들려도 그들은
귀를 막고 네 탓이라고

그것은 처절한 삶 때문인가?
바다 침묵의 무능함인가?

사람들아!
문명을 탐하면 바다는 얼룩지고
되돌려 주는 슬픈 비명을 외면하지 말라

송 정 우

월동화越冬花

선한 농부 마당에
해갈이 양털이 쌓인다

광야에 유배되어
거센 바람에도 꺾이지 않는
홀로서기

잃어버린 길에서도
걸음 멈출 수 없다

빛나는 하얀 대지
암흑 같은 동정童貞
순결이 꽃망울진다

송 정 우

까마귀의 고독

도시 불빛 사각지대에서
유리창에 제 모습 비추어 보다
자투리공원 그늘에도 깃들지 못한다
동녘 밝아오는 빛에
성긴 숲 마른 나뭇가지
꺾었다 버리고를 반복하다
마침내 햇살 가지 한 가닥 물고
앙상한 우듬지에 날아올라
번쩍이는 나래를 접는다
하늘과 땅을 곡예하며 굽이치는 꽁지,
따로따로
얽히고설킨 길 헤매는 생명이
서로서로
긴 어둠의 골짜기를 건너고 있다

송정우

흐르는 삶

4월 동백꽃이
무너지지 않는 바다 앞에 섰다

익숙한 것 떠나면
새로운 문이 걸음마다 열리는 것을

추락과 상승은 한 몸이라고
거친 감정의 파고를 다잡는 시간

구름 사이 빛줄기에 설레는 파도
재생의 깃 세워 날아오르고 있다

머나먼 끌어당김에도
쉬이 밀려가고 밀려오는 바닷물,

표류하며, 넘어지고, 일어나는 조각배
단단히 붙드는 그 손이 보인다

김 삼 문

꽃으로 핀 세상

묵은 돌무덤 위에 빼곡히 꽃이 핀다
쓰러지지 않으려
단단히 버티려 했던
작은 몸짓이 아기 꽃으로 피어나
햇살 아래
맘껏 뽐내다가 눈부시게 흩날린다

한 잎 두 잎
그렇게 햇살을 마시면
가냘픈 풀잎에도
바람처럼 떠돌던 오랜 기억이 꿈틀거린다
아무도 찾지 않아도
피워내는 향기, 꽃이다.

아아, 꽃이다.
기어이 향기를 피워낸 꽃이다.
흩어졌던 모든 기억이 서로를 당겨
봄바람 부는 무덤 위에
꽃이 빼곡히 만개하며 웃고 있다.

김 삼 문

꽃잎이 시든 화환

무채색 세상 속으로 번지는
꽃잎의 고운 색깔이 마침내 도착했다

어떤 것은 절정으로 붉게 타오르고
어떤 것은 이미 시들어 가는
화환의 모든 꽃잎이 성대한 축제다

차가운 시멘트 틈을 뚫고서
한 송이 어여쁜 얼굴 내민 들꽃
바람에 흔들리는 그 작은 몸짓이
지친 나의 어깨를 먼저 감싸 안는다

굳게 닫혔던 마음 문을
소리 없이 열어주는 힘

화환의 꽃잎들
아무 말 없이 그저 침묵할 뿐인데도
기념식이 끝난 자리에서

은은한 치유의 숨결이 되어 다시 피어난다

한 송이 꽃은 그렇게 덧없이 지는 순간에도
시든 마음에 새 생명을 붙여 넣고서
말 못 할 언어의 얼굴로 고요히 웃는다

김 삼 문

둥근 세상

처음부터 돌은 둥글지 않았다네
몽돌이 파도에 밀리고 갈리고, 깎여서
비로소 하나같이 둥근 세상으로 뒹군다

이 둥근 몽돌은 어디서부터 흘러왔을까?

한자리에 가만히 머문다면
단단한 하나의 섬이 될 터
아니, 한자리에 멈추어야만
세세한 모든 세상이 둥글게 굴러갈까.

그러고자 스스로 몸을 둥글게 내어줄까.

섬과 섬을 끝없이 이어 놓는
이 둥근 세상도 제 몸을 기꺼이 내어줄까.

몽돌은 닳고, 씻기고, 그리하여
결국은 둥근 세상의 모양만 닮아가는 것일까.

서 영 상

봄비

조그만 물 조리개로 가만가만히 뿌린다 처음에는 초록 물줄기로 뿌리다가 노랑으로 내린다 아직 녹지 않은 구석의 잔설을 찾아다닌다 천천히 내리던 발걸음이 밤새 봄 맞으러 서 두른다 길가에 한 돌 한 돌 위에 내리다 점과 점을 이어 젖은 들판이 된다 잠들었던 나뭇가지의 방향을 흔들어 깨운다 봄이 오는 소리가 두려움과 설렘의 언덕을 차례로 넘어온다 비가 윤기 없는 들판의 머리카락을 적신다 눈을 뜬 머위 순이 들판의 가르마를 가르고 얼굴을 내민다

* 기장문학 (2025년 30호, 126페이지)

서 영 상

두리뭉실

구름이 흐르다가 키를 부풀려 하늘을 뭉개며 올라간다 뭉쳐 놓은 얼굴을 내밀며 입을 실룩이다가, 솜 같은 몸뚱이에 도로 숨긴다 무언가 깃털 모양을 하고 있다가 새가 아니라며, 두리뭉실한 턱을 만지다가 다른 모양으로 변해간다 경사진 층운이 햇빛에 등을 태워 검은 목소리로 울기도 한다 이별은 노을처럼 붉다고 말하는데, 해는 산을 넘어갔다 마침 떠오르는 흰 달 앞에서 흰 이를 드러내며 실없이 웃는다 누군가 시간은 멈추고 구름이 흐른다고 하는데, 구름이 시간을 달빛에 섞어 화환 같은 달무리를 짓고 있다

* 기장문학 (2024년 29호, 99페이지)

서 영 상

별

밤하늘이 검은 이유를 별스럽지 않게 이야기한다 별이 밤하늘을 버린다면 밤하늘이 하얗게 질릴 것이다 그러면 별은 어떨까 스스로 빛나는 별과 태양 빛을 빌어 반사 시켜온 별들의 운명이 달라질까 의견이 분분하다 우주에는 주렁주렁 매달린 수많은 섬 들이 밤마다 항해를 하고 있다 별들은 밤의 이미지처럼 스러지지 않는다 별은 밤의 눈동자처럼 깜박인다 간밤에 별들이 별의별 이야기를 들려주다, 새벽녘에 잠든다 스스로 빛나지 못하는 별은 투란도트의 공주처럼 잠 못 들어 하며 날이 밝을수록 미명이 빛을 발한다

4부 철학과 인생

민병일 나잇살 _ 세월 _ 누나
김 호 감포 해변에서 _ 고찰古刹에서 _ 4월의 숲에서
김학균 이거 드세요 _ 그 놈들의 세렝게티 Serengeti _ 아버님 누워 계신 곳에서
송정우 시시한 시 _ 은혜 _ 함께, 같이
김삼문 등굣길 그다음 _ 바다와 싸우는 그대에게 _ 바다가 육지라면 너처럼 살 텐데
서영상 언어 감각 _ 송년회 _ 길가메시

찻잔의 고요 _ 김호

민 병 일

나잇살

새가 되어 날아보는 고샅 가운데에는
새막안의 만장한 늙으막 이웃의 음성들이
시간이 앗아간 세월의 저편에서도
내 곁으로 다가와서 이 순간 만큼은
다정다감하게 보름달로 익어가고 있다

민 병 일

세월

인생의 외길 속에 가던 길 멈추고
수레 위에 앉아 감았던 눈을 뜨니
지나온 길 따라 미완의 빛바랜 시간 속에
가려진 소매 속의 다섯 손가락은
남은 영혼의 가여운 동행자일까
앓아온 세월 속에 마디마디 저려온다

속량 없이 뒹군 숙맥 같은 날은 지나고
이제야 별빛 닦아 시를 쓰는 시간
앙금같이 맺혀진 후회 속의 사연들
훌훌 털고 잃어버린 자유 속에
아픈 손가락으로 남은 날 계수하며
인도하는 걸음 따라 감사하며 살아가리

민 병 일

누나

아카시아 향기가 굽이치는 오월 아침에
이슬이 꽃잎에 구른다
불현 듯 떠오른 누나의 눈빛 속에
지울 수 없는 세월의 실타래를 푼다
다정하게 맴도는 꽃잎 새의 추억이
연두빛 새순마다 잔잔한 미소 속에
눈 감고 나서도 꿈길속에 환하다

김 호

감포 해변에서

파도는 물갈기를 세우고
바람은 물길을 흩뿌리는데
우리가 이 해안에서 서성임은
아직도 지우지 못한 고백이 있음이다

닳고 쓸린 상념들이 반짝이고
물 위로 어리는 빛과 그림자들

하얀 물보라가 하늘로 피어나고
다하지 못한 침묵이
다하지 못한 함성이
이루지 못한 소망이
그토록 집착하던 형상이
한낱 점으로 부서지고 있다

시간은 흐르는 것이 아니라
우주에 그저 물처럼 출렁이는 것
실체란 일순一瞬에도 제 모습이 없는 것

동해의 시푸름 속에서 산화하는
실존과 허욕의 끝자락을 보며
자연의 시린 교훈에 여윈 가슴을 깨운다

김 호

고찰古刹에서

시간은 흐르는 것이 아니었다

풍상의 이끼꽃 핀 석탑 기단에도
제 몸 갈라 기와 지킨 빛바랜 추녀에도
천년 세월에 살점 공양한 고목의 껍질 속에도
시간은 고즈넉이 그 무게로 고여 있다

디지털 꿈을 찍는 현세의 밤과
탑 돌며 소원 빌던 서라벌의 옛 밤이
처연히 석등 앞에서 함께 불을 밝힌다

모두 어디로 간 걸까
찰나를 깨우치려 종 울리며 법고 치던
긴 세월 속 염원들은
어디로 흘러가 버린 걸까
목어는 밤을 지새워 뜬 눈으로 지켰는데

떠나 온 시절도 돌아보면 한 점인 걸

밤하늘의 별빛이 떨리고
개울물 소리가 무심하다
스치는 바람에 나뭇가지 울음만이 서럽다

무량의 허공에
억겁의 세월에
스쳐 흐른 것은 정녕
바람과 물과 살아간 것들 이었다

김 호

4월의 숲에서

4월의 산야를 보라
얼었던 대지에 따스한 열기가 차오르면
세상의 모든 생명이 소생한다

풀 하나 나뭇잎 하나 살아나지 않는 것이 없다
신비하고 오묘한 우주의 섭리다
가슴에 북받치는 감동이다

대자연은 숨겨진 이치에 따라
거두어진 침묵의 땅에서 저렇게 되살아나
생명의 순환을 이어가는 것이다

조화와 균형을 이루는 것이 사랑임을 깨닫는다
서로 아끼고 보듬고 배려하라
그 사랑 속에서 생명은 영원히 태어나고
이어가는 것이다

이보다 신성하고 소중한 교훈이 어디 있으랴

이보다 거룩한 믿음이 어디 있으랴

4월의 숲에서 우주의 영원하고 장엄한
생명의 서약을 본다

김 학 균

이거 드세요

버스가 멈추는 곳
내리고 타고 해운대 구청 앞
하루의 분주가 열리는 곳

급히 빠져 나가려는 할머니
“이거 드세요.” 야쿠르트 한 병
중년 여인이 건넨다.

가득 실은 폐지 리어카
주름 가득한 역정의 얼굴
고맙단 말로 흐르는 미소

가벼운 정이 흐르는
아름다운 출근길

나도 그렇게 하고 싶었는데
행동이 따르지 못한 마음은
구름보다도 가벼운 것

김 학 균

그 놈들의 세렝게티 Serengeti

그 놈들은,
　끈질기게– persistently
　교활狡猾하고– cunningly
　비겁卑怯하고– cowardly
　힘의 목덜미를 쥐고 붙어있다.

비겁하더라도 살아남아야하기에,
　숨어서– hide behind the public
　소리 없이– approach the highest
　남모르게– secretly
　급소를 노리고 있다.– hit vital weak spot

By them, we are in a disruption room unfairly,
　　　immorally, and unjustly decorated.

어떤 관계일까?
　주인–노예 헤겔변증법*
　Trade 없는 종신계약 관계
　절대적 비밀의 공유

금권金權은 어디서 뽑고

방자放恣함이 금권에서 솟아오르는가?

세월이 흐를수록 오만이 넘치고

다시 올 수 없는 오늘은 우울한 창안에 갇혀있다.

그들을 죽음의 나선무도**에 빠트리고 싶다.

* 헤겔변증법 : 일은 노예에게만 맡기고 자기는 공주, 점점 주인은 바보가 되고 노예가 힘을 얻는다.

** 죽음의 나선무도 : 개미가 앞 개미의 페로몬을 따라 끝없이 돌다 죽는다.

김 학 균

아버님 누워 계신 곳에서

먹고 살기 힘든 것이
당신의 책임도 아니었는데
거칠게 추운 겨울 헤진 장갑사이로 보였던
차디찬 손을 이제야 저의 가슴으로
따뜻하게 해 드리렵니다.

흰 눈이 쌓인 당신이 가꾸신 땅
산비탈 윗목 터에 당신을 묻을 때
눈물만을 긴 강물처럼 흘린 묘비 앞
이제야 당신이 누워계시는 곳에서
마지막 눈을 감으심도 지켜드리지 못하였음을
뜨거운 눈물로 통곡합니다.

장가간 셋째 날인가 두꺼운 매듭 손으로
장남의 처갓집 떡이라며 막내딸에게 주시던
그날은 한복을 입고 웃음도 얼굴 가득한 모습
아버님! 초가을 벼이삭 고개 숙인 황금빛 묵념
캄캄한 무덤 안에서도 보이나요.

이제 여유로움이 풍요로움이 산에서도
당신 손녀딸들의 얼굴 깊숙이 피고 있는데
다시 한번만이라고 이 세상에 오실 수는 없나요.
얼굴을 기억조차 못하는
손녀들이 무덤을 안고 있는데.

송 정 우

시시한 시

누구이던가,
가녀린 촛불로 어둠을 밝히는 이는

시어로 정의되는 무대를
조막 손바닥으로 어루만지는
빛

멀리 가 닿지 못하는 목소리
반딧불 타고 날아오를 때
그늘진 화음이 메아리치고 있다

연과 행 사이
시간이 멈춘 운율의 여백에
새벽별 품고 흐르는 은하수 강물

시인이여
당신이 받아든 선물은 이 세상과 싸우는
풀잎 칼날이다오

송 정 우

은혜

개들은 상위에서 떨어지는 부스러기를 먹고
개미들은 맨땅에 떨어진 꽃잎을 핥는다

허공을 향해 까악까악 하는 까마귀
동백 꿀을 훔친 동박새가 수다를 떤다
찌지리 찌지리

큰잎 벌려 햇빛을 받는 떡갈나무 아래
땅딸나무 흘러내린 빛 방울방울 줍는다

아, 해안가 고층숲 먹그늘에도
수면이 나누어주는 빛이 스민다

송 정 우

함께, 같이

나는 함께 라는 말이 좋아
너와 함께, 모두 함께,
너와 함께 길을 가고
모두 함께 밥을 먹고,
함께하면 어렵지 않아
함께라면 견딜 수 있어,
함께라는 말을 들으면
할께가 생각나
그래 내 너를 위해 할게, 그러면 기분이 좋아

나는 같이 라는 말도 좋아
너와 같이 보는 거야, 한 방향을
너와 같이 있는 거야, 그냥 아무 일 없어도,
아니면 너같이 아름다워라든가
너같이 사랑스러워라든가
혹은
꽃과 같이, 빛과 같이도,
같이 라는 말은

정말 가치가 있는 것 같아

우리 함께, 같이

그래, 즐거워하는 사람들과 함께 즐거워하고

우는 사람과 같이 우는 거야

* 성경 로마서 12;15

김 삼 문

등꽃길 그다음

파릇파릇 돋아난 가지마다
산 능선 가득 분홍빛이 걸작이다

소쩍새도 덩달아 신바람 나 울어대니
가지 끝, 펑 터트린 분홍 잎 향기에
등꽃길 콧등이 저절로 실룩거린다

깊은 봄을 닮은 뿌리가 속삭이네
늘 푸릇푸릇한 청춘으로 살라시고

누가 찾지 않아도 좋은
저 분홍빛 능청처럼 당당하게 피어나

저 나무마다
맞는 기억들이 꽃으로 피어난다.

세월이 흘러도 산 능선은 그대로인데
진달래 피던 그 등꽃길
환했던 봄날은 아득하기만 하다.

김 삼 문

바다와 싸우는 그대에게

그 시절, 푸르던 노랫가락이 청춘으로 잉태하던 날
나는 부두에서 끝내 눈물을 참고 그대의 손을 놓았다.
바람은 나뭇가지 잎새마저 흔들며 오색으로 물든 세상을 갈라놓는다

시월에 마지막 밤, 떠나가는 배 이별의 발자국마저 파도가 쓸어 지운다
애타게 부르는 내 노래가 글이 되어 갈매기 떼 지어 밤하늘에 편지를 띄운다

살갗 멀어진 그도 낙엽 지듯 먼 발자취. 눈시울 적신 밤을 지새우면서 안녕이라고
그 애달픈 사연, 편지 새처럼 날아 오른다

하늘에 반짝이는 별빛 같은 그가 구름에 구름 구르듯, 옛 시인의 노래를 흥얼거린다.
이 청춘이 저물기 전에 손때 묻은 사진 한 장, 옛 시인의 노래가 되어 떠밀려 가는 항해 선.

시월에 마지막 밤에 띄우는 노래 신청곡입니다. 바다와 싸우는 그대에게

김 삼 문

바다가 육지라면 너처럼 살 텐데

철강 선 떠 있는 마을에 밤늦도록 깡깡 소리가 울린다.
내 머리 위에만 뜬 줄 알았던 휘영청 달이 바다에 풍덩 빠져 허우적거린다.
푸른 달빛 춤추는 깡깡 마을, 사람 내음이 스민다.
스스로 세계를 항해해 온 배도
온몸을 내어준 사연을 담고 해풍에 몸을 떤다.
저토록 거대한 배가 어찌 저리 흔들릴 수 있을까?
내 몸은, 저 떠 있는 배처럼, 온전히 나의 세계를 항해할 수 없는 걸까?
철 한 조각 이어진 몸으로 기어이 파도를 가르는 저 힘은 무엇일까?
나만의 세계는
봉래산 아래 루비 보석 같은 마루 빛에 물들고,
달빛이 기우뚱거릴수록 전부를 내어준 오랜 기억들이 항구에 어슬렁거린다.
잠잠했던 항구에 파도가 다시 익숙해지려 할 때, 붉은 해가 아침을 깨운다.
깡깡이 소리가 녹이 슨 가슴마다 내일을 떠미는 항해 선
펴지는 햇살이 고요를 뚫고 어슬렁어슬렁 대양으로 길을 떠난다.

서 영 상

언어 감각

목구멍을 움직이며 입속의 혀로 노를 젓는다 머리뼈의 공기 구멍으로 공명을 유발하여 야시시한 울림을 더한다 손가락으로 풀어내기도 한다 감정은 연필이냐 만연필이냐 에도 새처럼 언어의 날갯짓이 다르다 어머니 품속 같은 익숙한 약속의 소리라도 시간과 공간, 기억에 따라 다르다 미묘한 입술 표정, 눈빛에도 다르다 수신자가 서 있는 텃밭 환경에 따라서도 언어가 자라나는 싹은 천차만별로 다르다

서 영 상

송년회

단기결산을 하러 왔다 오늘 우선 시간만 처리하기로 한다 시간은 바람이 불어도 눈이 쌓이듯 내 몸속 어딘가에 계속 쌓인다 해와 달은 내방 창에 드리운 그림자를 지워나간다 너와 나는 오늘도 은하수를 보며 별의 위치를 바꾸고 있다 섬이 바다를 둥둥 떠다니며 시간을 견디는 것은 거친 파도에 지워지지 않기 때문이다 다가오는 구름이 고래처럼 부풀어 오른다 식당을 나와 흩어진 신발 중, 용케 내 신발에 발을 넣는다

서 영 상

길가메시

짐승들 틈새 키가 자란 엔키두를 평생 친구로 삼는다 그가 잠들 때 꿈을 통해 머리에 지혜를 넣고, 가슴에 인간을 자라게 한다 그가 죽자 우정의 언덕을 넘어 죽음의 강을 따라간다 불사의 비밀을 캐러 간다 인간이 세상에 태어날 때 죽음을 담보로 계약서에 서명하는 것을 본다 생명나무를 지키는 뱀이 그 열매를 먹어 보라고 임무에 반하는 유혹을 한다 많은 영웅들이 흐르는 달처럼 나왔다가 사라진다 저승에서 돌아온 길가메시는 어느 영웅보다 힘세고 온화한 얼굴을 가졌으나, 반신이 인간을 택하여 이제 누웠다 다시는 일어나지 않는다 다시는 달처럼 나오지 않는다 피와 살이 슬픈 노래를 돌림으로 부른다 '잠은 꿈을 깨우고, 꿈은 잠을 깨운다' 영원한 잠을 잔다

민병일

- 철학박사, 1997년 《한국디자인포럼》 예술비평, 2010년 《부산시선》 시, 2019년 《한국시학》 시 등단
- 저서 : 『박학한무지』 『예술에 혼을 담다』 외 다수
- 국립부경대학교, South Australia 대학교 교수역임
- 부산광역시문화상, 봉생문화상, 한국시원비평문학대상 등 수상
  현 : 한국문인협회, 부산시인협회, 한국시인연대 회원, 셋, 시밀레 동인

김호

- 2007년 《문학세계》 시 등단, 《시조문학》 시조 등단
- 2012년 《한맥문학》 수필 등단
- 2021년 《중앙일보》 중앙시조백일장 장원
- 2022년 해운대문학상 수상
- 시집 『빛의 시간』 외 2권
- 현 : 부산문인협회, 부산시인협회, 한국사진작가협회 회원, 해운대포엠 회장

김학균

- 이학박사, 2008년 《모던포엠》 시 등단
- 『더 멀리, 나라 밖 여정 그리고 세상 풍경 속으로』, 『정겨운 여정』, 『해양 적조』 등
- 부산수산대학(학사), 프랑스 렌느대학(석사), 부산수산대학(이학박사)
- 전 국립수산과학원 해양환경부장, 남해수산연구소장, 부산대학교 겸임교수, 국립부경대학교 초빙교수, 교토대학교 객원교수, 제21차 정부간해양학위원회(IOC)총회 수석대표, 북태평양해양과학기구(PICES)해양과학위원회(MEQ) 부의장, 제15차 국제 적조회의 조직위원장
- 제6회 모던포엠 문학상(은상) 수상
- 현 : 국제적조학회 공로과학자(HAB Trailblazers. issha. org)
  한국문인협회, 한국산림문학회, 부산시인협회, 해운대문인협회 회원

송 정 우

- 2012년 《문학도시》 시 등단
- 2전기 『청보리 언덕에 핀 데이지』 산문집 『길에 창을 내다』 국영문시화집 『꽃피운 한 걸음』 e-Bock 『시간과 공간의 변주』 시집 『계절풍이 분다』 외 2권
- 2026년 고등학교 문학교과서 시 〈땅콩〉 수록
- 현 : 한국문인협회 회원, 부산문인협회 이사, 국제PEN한국본부 재정위원, 해운대문인협회 고문, 부산크리스천문인협회 회장

김 삼 문

- 경영정보학 박사, 2009년 《시와 수필》 시 등단
- 시집 『또랑놀이』 『달빛그을음』 『문틈』 『추월선』 등
- 부산문인협회, 부산시인협회, 한국해양문학가협회, 영축문학회 이사, 해운대문인협회 회장
- 현 : 해운대문인협회 고문, 동의대학교 소프트웨어융합대학 교수

서 영 상

- 이학박사, 2003년 《문학세계》 시 등단
- 시집 『바다에 빠뜨린 시』 『바다에서 건진 시』 『고래불』 『Beyond The Sea』
- 한국문인협회, 부산시인협회, 기장문인협회, 해운대문인협회 회원
- 현 : 한국해양문학가협회 회장, 사람과 환경포럼 회장, 부산가톨릭대학교 외래교수